유순자 시집

칡보리와 벼이삭

찬샘

초판1쇄 발행2024년10월 30일

지은이 : 유순자
편집 디자인 : 문민경
펴낸곳 : 찬샘
출판등록번호 : 제447-2007-000005
주소 : 충북 음성군 음성읍 중앙로130
전화 : 010-3507-3567
팩스 : 043)873-3567
이메일 : byh050@hanmail.net

*책값은 뒤표지에 있습니다
*저자와 협의아래 인지를 생략합니다
*저자 허락과 출판사 동의없이 내용의 일부를 인용 발췌함을 금합니다

ISBN 978-89-97376-80-3

*이 책은 한국예술인복지재단 후원금으로 제작되었습니다

컴보리와 베이스

책머리에

"문학은 내 삶을 긍정적으로 만들어 간다"
 작은 연못에도 고기는 살고 작은 땅에서도 곡식은 열매를 맺는다.
 1994년 부녀회장 재직 때 괴산군 알뜰주부 공모전에서 수상을 하였다. 그때부터 문학의 꿈을 꾸기 시작했었지만 마음이 쉽게 허락하질 않았다.
 힘든 농사를 지었기에 포기할 수밖에 없었던 꿈을 칠십이 될 무렵, 이제라도 늦지 않았다고 실현하고자 와 마음의 문을 열었다. 이제 문학은 내 삶의 일부 아니 낙원이 되었다. 힘들고 지치고 무언가를 말하지 못할 때 글로서 마음을 다스리며 위로한다.
 나보다 더 어렵고 그늘진 사람을 보면 다독여 주는 습관이 생겼다. 위선보다 좋은 글처럼 긍정적이고 배려하는 마음으로 서로를 위한 삶을 남을 미워하면서 내가 행복할 수는 없다.

   지난세월 부족했던 삶을 사랑으로 채우고 웃음이 묻어나는 소소한 이야기를 담은 두 번째 시집을 출간하면서 내 삶을 긍정적으로 만들어 간다.

   힘든 농사를 지으면서 문학을 하는 아내를 묵묵히 물심양면으로 도와주는 남편, 삼남매 내외 가족들에게 감사함을 전합니다.

2024년 폭염에 소금꽃 피는 어느 날

유순자

1부 _ 길

12	최고의 상
13	희망의 느티나무
14	콩 깍지
15	곱빼기 먹는 날
16	작은 오빠
18	도둑고양이
20	들꽃
21	애달픈 후회
22	산나물
24	길
26	까치가 울면
27	제비
28	꽃길
29	만두
30	그리움
31	매듭
32	어느 가족 그림
33	담겨 있어요
34	새싹
35	비우고 채우면
36	언니들
38	오른손과 왼손
39	싸움의 기술
40	죽마고우
41	그냥 좋은 사람
42	윤활유
43	당신이었으면
44	반지의 인연

2부 _ 갯벌

48	가뭄
50	가장 무도회
51	울창한 숲
52	태양
53	청보리와 벼이삭
54	갯벌
56	무좀
58	장미꽃 당신
59	오이냉국
60	동반자
62	늘푸른 소나무
63	여름 방학
64	논두렁 밭두렁 길
66	내 인생의 당신
67	첫사랑
68	태풍
69	텃밭
70	이삭줍기
72	뜻이 있는 곳엔 길이 열린다
74	구월이 오면

3부 _ 삼남매

76 철새
77 당신이 아름답게 보일 때
78 황혼의 연못
79 흩어진 노을
80 날개
82 종소리
83 나 이전엔
84 단짝
85 옹고집
86 아담한 정원
87 세상에서 가장 아름다운 꽃
88 밥이 보약
89 오누이
90 그리운 저 별
91 무게
92 열쇠와 자물쇠
93 작은 관심
94 폐교
95 모래성
96 소득 증대
98 시니어 모델
100 고추 따는 날
101 인생의 미로
102 삼남매
104 아버지의 손

4부 _ 우리엄마

106 내 인생의 품격
107 스포츠처럼
108 빛나는 순금
110 우리 엄마
112 빨간 연필
113 다시 뜨는 태양
114 문이 열렸어요
115 야속한 세월
116 진실
117 삶이란
118 떨어진 단추
120 고독한 길고양이
122 한치 앞도 모르는 인생
123 소중한 친구
124 시간
125 마음이 소통될 때
126 빛과 그림자
127 합죽이
129 옹달샘은 바다로
130 뒷모습이 아름다운 사람
131 명품브랜드
132 십남매
134 꽃과 나비

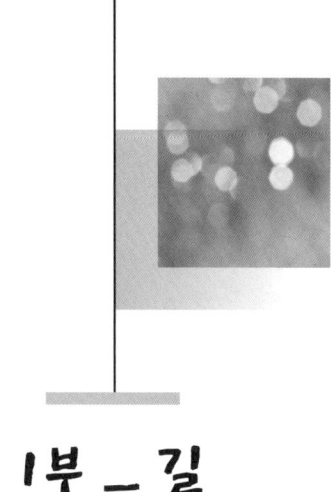

1부 _ 길

최고의 상

최고의 노벨상이 아니라도
수상이 아니고 입상이라도 받으면 행복하다
보잘 것 없는 소소한 것이라도 받으면 기쁘다

날마다 받아도 물리지 않고
때마다 기다리는 상

진수성찬이 아니라도
된장찌개 한가지라도 받으면
행복한 최고의 밥상

희망의 느티나무

우리고을의 원님은 느티나무

힘차게 쭉쭉 뻗은 가지에
이파리 무성히 달고
가슴이 넓어 어느 누가 찾아와도
반가 이 맞이하는 사랑의 느티나무

고단한 몸 잠시 그의 품격에 안기어
명상에 잠겨본다

막걸리 한잔에 부침개 한쪽 찢어먹으며
행복의 빛을 나누며 쉬어가는 그곳

쭉쭉 뻗어가는 희망의 느티나무
찾아오는 이들 편하게
오래 머물 수 있도록
잔잔한 미소로 이파리 흔들어 준다

콩 깍지

맞선보러가는 날
화장을 곱게 바르고
부산스럽게 이옷 저옷 입어보면서
잔뜩 멋을 부리고 약속 장소에서 맞선을 봤다

말수가 적고 눈이 커다란 그 남자는 (지금의 남편)
착해 보이고 잘 웃었다.

아버지가 안계시고 홀 어머님과
오남매의 맏아들
이름은 유순형 : 유순자
생일은 6월 3일: 11월 3일
이름과 생일에서 시이소를 탄 느낌이 들었다

하늘이 맺어준 인연이라 생각했었는데
아마도 콩깍지가 끼었었나 봅니다

곱빼기 먹는 날

아이들 예방 접종 하는 날이면
입가에 미소가 절로나며
아침부터 부산을 떨며 콧노래도 흥얼거린다

아이를 등에 업고 십리 길을 걸어가야
면소재지 보건소에 다다른다

예방 접종 후 마을 친구들과 괴산 읍내 가는 버스를 타고
짜장면 집으로 향한다
한 나절이 기울어진 점심 식사
배고픔의 짜장면 곱빼기를 먹는다

예방접종일은 새장에서 탈출하는 해방되는 날
맛있는 짜장면 곱빼기 먹는 날

작은 오빠

　엄마의 버팀목이 되어준 작은오빠
　담배와 술을 먹고 싶었어도 한량이시던 아버지를 닮았다는 소리를 들을까봐 이를 악물고
　술 담배에 유혹을 뿌리쳤다

　그이야기를 듣는 순간 목이 콱 막히는 듯 했다
　울분을 삼키며 강한 의지를 보이고
　생활력 또한 강했다

　잘나고 배우고 부자였으면 무엇 하랴
　의지가 약하고 생활력 없으면 누렸던 부귀영화도 와르르 모래성이다.
　나 역시 산고을이라도 의지와 생활이 강한 사람을 원했기에 지금의 남편을 만났다
　처음엔 몸이 불편한 어머니를 모시고 고생을 많이 했지만 오랜 세월 시련을 겪고 나니 무지개가 환하게 비추었다

기울어진 가정의 버팀목이 되어준 작은 오빠
엄마의 얼굴에도 가족들 얼굴에도
무지개가 아름답게 비추었다
따뜻한 봄날이었다

도둑고양이

뒤주위에 꽃 그림이 그려있는
뚝배기반한 노랑 도자기 항아리
뚜껑을 열어보니 토종꿀이 가득 들어있었다

날마다 아무도 모르게 야금야금
몰래 먹는 꿀맛은 진짜 꿀맛이었다

어느 날 꿀 항아리를 열어보던 엄마
아니 누가 꿀을 다 먹었네
엄마는 우리들을 다그쳤다
모두가 안 먹었다고 말을 하는데
유난히 시치미를 떼는 나를
엄마는 눈치를 챘다

필요할 때 약으로 쓰려고 남겨 두었던 토종꿀
남도 아니고 철없는 딸자식이 먹었으니
그냥 묵인하고 넘어갔다

꿀을 먹을 때마다 생각나는 추억
애물단지로 전락된 난 도둑고양이었다.

들꽃

모진 비바람에 흔들리고
임자 없는 들꽃이라도
함부로 꺾어 버리지 말아요

번지 없는 꽃이라도
작은 꽃병에라도 꽂아 놓아요

시들어도 버리지 말고
책갈피 사이 사이라도
끼워 넣어 간직하세요

불러도 대답 없는 꽃이지만
가슴깊이 간직하세요

그리울 때 아름다운 추억으로
불러주면 웃으며 피어날께요

애달픈 후회

누구나 인생의 마지막 순간이 다가오면
가장 후회되는 것이 있을 것이다

해봐도 후회 안 해봐도 후회
우리는 그 어떤 순간에도
자유인으로 살 수 있는 것인데
진정한 행복은 자유로움에 있는데

지나가면 별일도 아닌데
눈치를 보고 주저하고

짧은 사랑이 못내 그리워
다시 찾을 수 없는 후회
실패를 해도 해본 것에 대한
후련함인데

산나물

어린 새싹이 돋아나는 봄이면
세대차이 관계없이 도시락을 싸가지고 청계산으로
산나물을 뜯으러 갔었다

나도 가끔 친구들과 산나물을 뜯으러갔었다
고추순, 다래순, 취나물, 오이순, 등~
고광나무 잎은 오이향이 나서 오이순이라 부른다

특히 다른 나물보다 맛이 좋아서 인기가 많았다
서울에 갖다 팔면 수익이 괜찮아 살림에 보탬이 되었다
고광나무 오이순은 계곡물이 흐르는 습한 곳에 많이 서식하고 있다. 한참 산속을 헤매다 보면 배가 출출했다

쌀보다 보리쌀이 더 많은 밥은 별 반찬 없어도 꿀맛이다
흐르는 계곡물 또한 청량음료수다
이것은 청계산 대자연의 맛이다

고향 언니들 친구들과 만나면 빠지지 않고 등장하는
청계산의 산나물 뜯으러간 이야기
넉넉하지 않았던 시절 추억을 회상하며 한바탕 웃어본다

길

항상 날씨가 좋으면 사막이 되어버린다
햇빛만 비치는 인생은 없다
빛과 그림자는 한 몸
사랑에도 고통이 따르고
꿀맛에도 고통이 따른다

인생 살아가는 길엔 고통과 절망이 많아도
기쁨보다는 적다

길이 끊어졌다고 멈추지 마라
거친 길이라도 걸으면 길이 되느니라
길이 끊어졌다고 희망을 잃지마라
뜻이 있는 곳엔 길이 있고
길이 있는 곳엔 뜻이 있다

험한 길을 걷지 않은 인생은 없다
정상에 오르기 위해서는

오솔길도 걸어야하고 비탈길도 걸어야하고
진흙탕 길도 걸어야한다

길이 있기에 넘어지면서도 뛰어가야 하고
숨이 턱까지 차도 뛰어 가야한다

혼자되었다고 길이 아닌 길을 가지마라
시궁창에 빠진다
인생살이 소중한길에 의미를 되새겨본다

- 괴산 임꺽정 전국공모전 수상작

까치가 울면

까치가 울면 반가운 손님이 온다더니
그립고 보고 싶은 사람은 돌아올 줄 모르네

이 세상에 한번 왔다 가면
다시 돌아올 줄 모르는 길이 황천길이던가
까치가 울면 꿈속에서라도 보일까 기다려진다

여기 저기 길이 열려있어도
길 잘못 들어 빗겨 가면
새벽닭 울음소리에 쫓기어
올수가 없는가 보다

오늘도 까치는 울었는데~
그립고 보고 싶은 사람은 돌아올 줄 모르네

제비

긴 세월 공백을 깨고 물 찬 제비가
삼년 전에 다시 찾아왔다
반갑다고 집 주위를 지지배배 지지배배 맴을 돈다
현관 주위에 둥지를 4채를 지었다

올해는 집을 새로 짓지 않고
묵은 집에 둥지를 틀었다
고개를 갸우뚱 거리며 어미를 기다리는 모습이 정겹다

하루하루 변해가는 모습이 대견하다
무럭무럭 잘 자라서 훨훨 날아다녀라

긴 여행 원정출산에
새끼들 잘 키워서
다음해에 또 찾아오렴

꽃길

집 입구부터 언저리에
샤스타데이지 꽃과 구절초를 심었다

하얀 순백의 꽃잎과 노란 색의 조화가 매력적인 꽃
일명 계란 꽃이라고도 불리는 샤스타데이지 꽃
집안에서도 창문 밖으로 사방을 둘러보면
샤스타데이지 꽃과 구절초 꽃을 만날 수 있다

가녀린 몸이 살랑 바람에 조심스럽게 흔들리면
더없이 순수하고 청순해 보인다

창문 안에서 흔들리는 꽃을 보면
입가엔 미소가 생기고 마음이 편하고 좋다

일부러 밖으로 꽃구경 안가고
집안에서 마음껏 즐길 수 있어 흐뭇하다

만두

바닷물이 섬을 감싸 안 듯
만두피는 맛있는 만두소를 감싸 안는다

누군가에겐 행복의 맛이 깃들어 있고
또 다른 누군가에겐 슬픔에 맛도 깃들어 있다

웃음의 맛 눈물의 맛
오묘한 맛이 깃들어 있는 푸짐한 만두
한입 깨물어 먹으면 엄마의 손맛이 묻어나고
또 한입 깨물어 먹으면 슬픈 눈물의 맛도 묻어난다

평탄치 않은 세월이었지만
웃음이 피어나는 만두 맛도 묻어난다

그리움

반짝이는 별보다 외로운 달님을 좋아했다

붉은 노을의 만남은 어둠을 헤치고
어둠을 삼키며 찬란한 빛을 찾았다

다정한 그 말은 바람에 구름가듯 흘러가고
흩어진 노을처럼 빛바랜 만남은
기쁨보다 슬픈 빗물

해가 뜨고 지고 숱한 시간이 흘러도
지워지지 않는 것은 네가 준 선물
그리움 때문이다

매듭

철없을 땐 삶이 무엇인지
미운지 고운지 기쁜지 슬픈지도 모르고
그냥 마냥 웃고 웃었다

믿어왔던 사랑과 우정도
한순간에 물거품이 되었다

흘러가는 세월 속에
매듭이 지어지면
숨을 고르고 살살 풀어라
거친 숨을 몰아쉬면
매듭이 끊어진다

어느 가족 그림

삼대가 단란하게 살아온 가족
어느 날 할머니께서 치매란 병이 찾아왔는데
며느리가 시어머님을 요양원에 보냈다

하루는 아들이 학교에서 가족 그림을 그려왔는데
두 부부 사이에 아이 하나만 그렸다

엄마가 아들에게 물었다
왜 엄마는 없어?
응~
엄마는 요양원에 가고 없어
엄마도 할머니를 요양원에 보냈잖아

미래를 미리 보는 가족사진 그림 속에
보여 지는 현실
힘없는 부모님을 외면하면
나의 미래에 행복도 없다

담겨 있어요

책가방 속엔
선생님의
사랑이 담겨있어요

도시락 속엔
엄마의
사랑이 담겨 있어요

주머니 속엔
아빠의
사랑이 담겨 있어요

화롯불 속엔
할머니의
사랑이 담겨있어요

우리들의 마음속엔
우정의 사랑이 담겨있어요

새싹

황혼이 되어도 우리들 마음엔 꿈이 있지요

넘어가는 석양이라도
우리들 마음엔 푸른 날개가 있지요

이별 뒤엔 또 다른 만남이 있고
졸업은 또 다른 시작이 있지요

나이에 관계없이 무엇이든 도전을 하면
희망이 보이지요

보이지 않는 안개 속 같지만
안개 속에서도 새싹은 움트고 있지요

비우고 채우면

분노를 참을 수 있고 욕심을 내려놓을 줄 알고
사람을 사랑으로 채울 줄 알면 천국의 삶을 살수가 있는 것이다

시련을 견딜 때가 천국이고
시련을 견디지 못할 때가 지옥이다

욕심을 비울 줄 모르고
분노를 견딜 줄 모르고
사람을 사랑으로 채울 줄 모르면
스스로를 지옥의 삶을 살아가는 것이다

남을 미워하면서 내가 행복할 수는 없다

긍정적이고 배려의 마음을 채우고
사람을 사랑하는 마음으로 채우고 살아간다면
그것이 천국이다

언니들

언니들 잔잔한 호수에 순풍에 돛을 달고
작은 여행으로 시작했다.

강물이 되어 이갈게 저갈게 물줄기를 주며
넓은 바다에 이룩했다
세명의 언니들은
한꺼번에 세월의 풍랑을 만났다
진짜로 하늘이 무너졌다
눈앞이 캄캄했다

정신이 혼미해진 나는
덩달아 교통사고가 났다.
불행중 다행으로
승용차 견적만 많이 나왔다.

한꺼번에 어두운 막장에 갇혔던 언니들
큰언니는 다시는 못올 황천길로 떠나셨고

남은 두 언니들은
재활치료로 많이 회복되었다.

순풍에 돛을 달고
남은 여생 건강하고
즐거운 소풍같은 여행이 되시길 바랄뿐입니다

오른손과 왼손

부부는 착각 속에 살아간다
장애가 있어도 모른다
언제나 당당한 오른손
죄 없이 주눅 드는 왼손

오른손은 왼손 보다 월등하다고 착각한다
부족하지만 왼손도 제몫은 다한다
큰소리치는 오른손

내가 없으면 당신은 개밥의 도토리야
덩달아 큰소리치는 왼손
내가 없으면 당신도 개밥의 도토리야
가장 상처를 주고받는 사람은
부부사이다

서로 착각 속에 살아가지만
오른손 왼손 서로 손을 마주 잡아야
빛이 난다

싸움의 기술

목청 높인다고 싸움에서 이길쏘냐
주먹 날린다고 이길쏘냐

상처 주지 않고
이길 수 있는 기술을 배워라

상대의 감정을 잡을 수 있는
마음의 문을 열어라

잘못이 없더라도
스스로를 낮추어라

죽마고우

어린 시절 유난히 정이 많았던
소꿉친구들 생각난다

툇마루에 책보 팽개치고 땅거미 질때까지
놀던 친구들 뒷동산 올라가 칡뿌리 캐먹던
개구쟁이 친구들

장마철에 마른개울에서 물줄기 넘실될 때
발가벗고 멱 감았던 친구들

논두렁 길 따라 메뚜기 잡아
강아지풀에 꾸러미 꾸러미 꿰어 한아름 안고오던 친구들
논배미 얼음판에서 넘어지며
썰매 타던 코흘리개 친구들

긴 세월 흘러가도 순수하고 인정 많은
변함없이 좋은 친구들

그냥 좋은 사람

마음을 맞춰주지 않아도
말없이 무뚝뚝해도
당신은 그냥 좋은 사람입니다.

집안이 좋아서도 아니고
돈이 많아서도 아니고
당신은 그냥 좋은 사람입니다

아무런 이유가 없어도
존재만으로도 그냥 좋은 사람입니다

말없는 침묵 속에 한참을 잔소리해도
받아주는 당신은 참 좋은 사람입니다

잘해주지 않아도 어둠을 보여도 웃어주는 당신은
그냥 참 좋은 사람입니다.

윤활유

늘푸른 소나무를 보면
당신이 생각난다
당신은 꽃을 보면 내 생각날까

당신이 있어 내가 존재하고
내가 있어 당신이 존재하고

때론 우리 마음을
어색하게 했던 일들은
톱니바퀴 이탈하지 않게
윤활유가 필요하겠지

당신이었으면

소래 내어 울고 싶을 때
그것도 마음대로 할 수 없을 때
숨어 들곳 있다면 헐레벌떡 달려가고 싶지만
알수없는 매달림에 서글퍼진다

사방을 둘러보면 어딘가에
감싸줄 이 있겠지만

내가 나를 사랑하는 당신이
끝까지 내편이 되어
지켜줄 사람이 당신이었으면

반지의 인연

비닐하우스 옆에 지난 가을에 남은 북데기가 쌓여있다

하우스에서 멀리 떨어지게 옮기다가
금반지 쌍가락지 중 한가락지가 빠져나갔다

삼일을 계속 찾아도 눈에 띄지를 않았다
북데기 속에 빠진 게 분명한데 애를 태우며 찾았지만
헛수고였다

반지야! 너는 나와 인연을 끊을 것인가
아니면 인연을 맺을 것인가 그것이 문제로다
또다시 찾으려고 낫으로 땅을 긁적이고 있는데
반짝하고 톡 튀어 나왔다
금은 숨어 버린다고 하더니 땅속에 숨어 있었다

어머나! 찾았다
여보 반지를 찾았어요

남편은 대답이 없고 그저 웃기만 한다
반지야!
나와 다시 인연이 되어주어서 고맙다

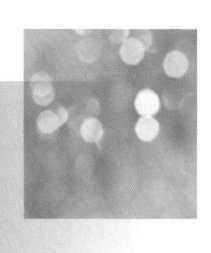

2부 _ 갯벌

가뭄

이슬처럼 해맑고 영롱한 예쁜 꽃은
어디로 사라졌나
첫 동이 트고 여자가 되던 날
무서움에 떨었고 젖 몽우리가 원을 그릴 땐
부끄러워 가슴을 웅크리고 어둠속을 헤맸다

복숭아처럼 피어난 얼굴에 좁쌀 같은
첫 울림을 할 때 소녀는 첫사랑의 눈을 뜨고
사랑을 시작했다

그대와 나 세월의 뒤안길에서
어려울 때 힘이 되어주고 위로해주는
인연으로 인생의 동반자가 되었습니다

연년생으로 삼남매를 낳았습니다
먹고 애만 낳는다고 홀 어머님의 물호령
아들 하나 더 낳고 싶었지만

여자의 기능을 묶어 내렸습니다

신혼부부들은 아기 낳기를 외면하고
결혼도 줄어들고
철없는 미혼모는 늘어나지만
미래가 어두운 세상

눈물이 흐른다
새싹이 가뭄이 심하니
가버린 젊음이 야속하구나

토끼처럼 아이를 낳는다고
어머님이 말씀하시던 그때가 그립습니다

- 진천 포석 조명희 전국공모전 수상작

가장 무도회

호랑나비 한마리가 이 꽃 저 꽃에
흔적을 남기고 날아다닌다

이도 저도 아닌 향기를 날리고
떠돌이별처럼 반짝인다

이루지 못할 사랑이라면
맺지나 말던지
눈물로 얼룩진 마음 채우려고
이 꽃 저 꽃 속절없이 헤맨다

철새들은 해님이 쓰다버린
쪽박도 좋다고 휩싸인다

사랑 없는 진실은 위선이고
진실 없는 사랑은 거짓이다
인생은 가장 무도회

울창한 숲

삶의 무게가 무겁고 슬플 땐
저울창한 숲을 봐요

싱그러운 바람 속에 갖가지 풍기는
향을 받으며 숲속을 걸어봐요
사는 게 고달파 쏟아내고 싶은 아픔도
있을 테니까

안개 속에 숨어 있는 저 숲속은 무엇을 감추고 있는가

삶이 푸르던 날엔 바람 따라 덩실덩실 춤을 추었지
불볕 같은 날엔 나그네를 아낌없이 품어주었지
황혼이 찾아올 땐 꽃잎 되이 유혹했지

높아진 하늘아래 빛나는 저 색깔들
울창한 숲은 풍요로운 삶의 터전

태양

그대는 언제나 나의 벗
그림자가 되었다

삶이 부족할 땐 더 많은 빛을 내게 주었다.
동동거리며 어둠을 삼킬 땐
또다시 동반자가 되었다

때론 얼굴을 감추고 있을 때도 굴하지 않고
하루 이틀 열흘을 웃지 못해도
눈물을 흘려도 포기하지 않고 묵묵히 지냈다

시련을 딛고 다시 웃을 땐
나도 덩달아 웃고
그대를 좋아했다

또다시 벗이 되어준 그대는
나의 지친 몸을 달래 주느라
빛을 짧게 주기도 했다

청보리와 벼이삭

청보리가 익어가고 벼이삭이 익어갈 때면
상아벌 들녘은 황금물결로 출렁인다

동심으로 돌아가 한 걸음 한 걸음 걸으면서
느끼게 되는 청순하고 순수한마음

청보리가 익어 가면 한줄기 훑어도 보고
벼이삭이 익어 가면 읊어 먹어도 본다

익어도 굽힐 줄 모르는 청보리는 무뚝뚝한 남자 같고
고개 숙인 벼이삭은 다소곳한 여자 같다

우리네 인생길을 느끼게 하는
뚝뚝한 청보리와 수줍은 벼이삭

울고 웃는 인생의 박자를 맞추며
청보리와 벼이삭은 희망의 꿈을 엮어 간다

갯벌

서서히 푸른 옷을 벗어 버리고
시커먼 속살을 드러낸다

시커먼 속살을 사정없이 후벼 내어
보물을 찾는 아낙네들
진흙 속을 파헤쳐 헐레벌떡 보물을 찾는 여인
여인의 가슴속 응어리를 풀어버리듯
숨바꼭질 하며 살아가는 갯벌 속 여인들

시간이 다급하다
물살에 떠밀려 나오는 여인네들
한줌의 보물이 아쉬운 시간이다
갯벌은 어김없이 속살을 감추려고
평온하게 물살을 부른다

갯벌은 갯마을 사람들 터전
갯벌이 푸른 옷으로 변할 때

텅 빈 마음도

잔잔한 물결처럼 평온을 되찾는다

      - 괴산 임꺽정 공모전 수상작

무좀

새댁시절 장마 때면
부엌에 건수가 터져
부엌 바닥은 부뚜막까지 물이 차올라와
작은 호수를 만들었다

작은 연못 속엔 고기는 없고
내 두 다리가 살고 있었다

호수 속에서 밥을 해먹으니
새끼발가락에 무좀이 생겼다

물 빠짐을 하게 하수채를 해 놓았지만
긴 장마에는 속수무책

장마가 끝나야 물 빠짐에 마른 부엌을 볼수가 있고
발가락 가려움증도 멈춘다
장마가 시작하면 연중행사로 발가락이 가렵다

미련한 탓일까

아직도 뿌리를 뽑지를 못했다

장미꽃 당신

장미꽃 만발한날
장미꽃을 닮은 당신이 떠오릅니다

항상 느꼈던 당신의 따뜻한 마음
잊을 수가 없어요

몇 번의 흐름으로 사랑을 가르쳐주신
장비 꽃 당신
긴 인연이라도 가벼운 인연이 있고
짧은 인연이라도 두터운 인연이 있습니다

바로 장미꽃 당신이
두디운 인연입니다

오이냉국

넓다란 잎사귀
까칠한 넝쿨을 헤치면서
매일 들여다봐야 젊고 싱싱하다

하루만 안보면
퇴색되어 늙어 버린다

젊고 싱싱한 먹거리를 찾아
더위를 삭힌다

입맛 없는 한낮 더위엔
별 반찬 없어도
시원한 오이냉국이 한몫을 한다

동반자

풀잎 끝에 맺힌 영롱한 이슬처럼
순수한 그대와 나
서로 위로해 주는 인연으로
인생의 동반자가 되었습니다

눈 덮인 흰머리 주름져가는 얼굴엔
윤기마저 사라져 가지만
진실한 당신의 깊은 눈빛이 얼었던 마음도 녹여줍니다

보석 같은 자식들은 저마다 보금자리 찾아가지만
남은 우리 상심 말고 자식 잘되길 빌어줍시다

지나간 길은 길었고 다가올 날은 짧으니
걸어 다닐 수 있을 때 맛있는 것도 먹고
세상 경치 구경하면서

경로당 친구들과 도란도란 옛이야기 나누며

함박웃음 웃고 영원한 동반자로

건강하고 즐겁게 살아갑시다

늘푸른 소나무

어릴 때부터 등이 구부러지고
팔 다리가 휘어져도
푸른 날개를 펴고 멋지게 살아간다

사람들도 푸른 날개를 펴고
멋지게 살다보면 어느 순간에 등이 꺾이고
팔다리가 휘어지고
하얀 실오라기 오락가락 설쳐댄다

검은 꽃으로 바꾸어보지만 하얀 실오라기
베시시 웃으며 빛나고 있다

어릴 때부터 능이 굽어셔도
팔다리가 휘어질수록 더 품위 있는
늘푸른 소나무 그대가 부럽다

여름 방학

앞 냇가 이름은 마른 개울
저수지 수문을 따라 만들어진 개울
장마철 되기 전 저수지 수문을 열어놔야
물이 흐를 수 있고 아니면 뽀송뽀송 자갈밭이다

장마가 시작되면 물은 출렁출렁 춤을 추고
여름 방학이면 커다란 수영장이 되어
물놀이하기 좋은 장소

한낮 뜨거울 때 친구들끼리 멱 감으면
물속에 집어넣고 물도 먹이고 장난도 심했지
입술이 새파래지도록 물속에서 놀던 때가 그립다

여름 방학이면 커다란 나무 밑에 학습장을 만들어놓고
아침마다 모여 청소하고 체조하고 학년별로 노래도하고
방학 숙제도 했다
그때의 학습장은 학생들의 공동체 생활이었다

논두렁 밭두렁 길

상쾌한 바람 속에 맑고 쾌적한 공기를 선물하는
관악산 청계산 우면산이 둘러싸인 과천
15개 부락 작은 마을들이 옹기종기 있었다

다른 마을들은 큰 도로가 근접해 있었고
우마차가 다닐 수 있는 도로가 있었지만
우리 마을 학교 가는 길은 상아벌 논두렁 밭두렁 길

수풀이 우거지면 이슬에 채여
무릎아래는 옷이 다 젖었고
비오는 날 늦을세라 뛰어가다 넘어지면
옷은 진흙으로 범벅이 될 때도 있었고
미끄러지면 코가 찢어져 신발을 신을 수도 없었다

상아 벌판은 바람이 너무 차가워
눈보라가 칠 때면 손발이 꽁꽁
얼굴은 부끄러운 듯 빨갛게 홍조를 띠고

이제 다시는 걸을 수 없는

힘들었던 논두렁 밭 두렁길

추억은 눈물 되어 흐릅니다

내 인생의 당신

내 인생의 당신이 나의 운명이라면
서글픈 눈물이라도 침묵속에 살아가리

내인생의 당신이 전부라면
가시밭길도 마다하지 않으리

어둠을 뚫고 타는 촛불처럼
목마른 사랑이 당신이 전부라면
떨어진 꽃잎이 될지라도 후회하지 않으리

바람에 구름가듯
강물이 흐르듯 세월이 흘러가도
떨어진 낙엽이 될지라도
당신이 내 인생의 전부라면
당신을 사랑했기에 행복했노라

첫사랑

너를 만나던 날 비가 몹시 내렸지
우산 속에 두 어깨는 빗속을 걸었지

한쪽 어깨가 젖은 줄도 모르고
마냥 웃으면서 걸었지

빗속에 네 모습은 숱한 시간이 흘러도
지워지지 않는다

비오는 날 내 머릿속엔 너뿐이다
네가 주고 간 선물이다

비오는 날엔 속절없이 그대가 그리워

태풍

나무는 늘 상 평온해 보인다
바람 따라 살랑살랑
나그네를 아낌없이 품어주고
일상에 지친 사람들을 재촉해서
감탄사를 이끌어낸다

강렬한 태양은
구름 앞에선 무릎 꿇고
태양을 지배하는 구름은
바람 앞에 약하다

평온한 나무도 태풍을 만나면
멀미를 하며 속수무책이다

텃밭

이른 아침 바구니를 들고
야채가게로 향했다

어제 작아 보았던 오이, 가지, 호박, 상추 등
하룻밤 사이에 이슬 머금고 튼실하게 자랐다

가격도 묻지도 않고 바구니에 골고루
가득 담아 가지고 영수증도 없이 갖고 왔다

그 다음날도 묻지도 따지지도 않고
물건을 훔쳐오듯 그냥 바구니에 담아 갖고 왔다

그렇다고 외상은 아니다
내 힘으로 가꿔놓은 노력의 댓가다

이삭줍기

졸임 감자 이삭 주우려 이웃집 감자 밭에 갔다
아주 작은 감자를 줍다 보니 아이들 주먹만 한
감자가 눈에 들어왔다

감자 농사를 안 짓는 사람을 주면
괜찮겠다는 생각이 들었다

한낮이라 무더위가 기승을 부리고
이마에 흐르는 땀방울은 주체할 수 없이 흐른다

얼굴이 빨갛게 익어가도 한 알 한 알 불어나는 즐거움에
신바람이 났다

상품성 있는 물건은 아니었지만
누구를 주어도 손색이 없을 것 같아서 주웠다

노력의 댓가 땀의 댓가

친구의 정이 담겨 있어서
사먹는 감자보다
더 맛이 있다고 말해줘서 고맙다

뜻이 있는 곳엔 길이 열린다

한번쯤은 후원금으로 책을 내고 싶다

예술 복지재단 후원금이 선정되었다.
선정자는 성희롱 성폭력 교육을 이수해야했다.
우연히 만난 학생들에게 사실이야기를 하고
도움을 요청했다

악한 사람보다 착한 사람이 더 많아
살맛 나는 세상
하늘에서 내려온 천사들인가
인간미가 흐른다

내 손자 손녀처럼 친절한 학생들
할머니 건강하게 오래오래 사세요
모두들 손뼉을 치며 위로해 준다

짧은 만남의 인연이었지만 잊을 수가 없다

사람은 사람을 보고 성장한다
다시 만나보고 싶은 천사 같은 학생들
김태빈, 김나연, 정재영

구월이 오면

작은 행복은 오지 않고
이마에 흐르는 소금물을 닦아보다

순간순간 숨을 고르고
내 살결에 다가올 듯한
너를 기다려 보다
그 흔적 어디로 사라졌나
나뭇잎하나 아니 풀잎하나도
까닥 거리지 않고
작열하는 태양만 바라볼 뿐

온몸을 절인 소금 꽃
눈언저리는 너무너무 깊게 절여
안개 속을 헤매어 야속하구나

폭염에 작은 행복
자연의 이치가 그렇듯이
구월이오면 찾아오겠지

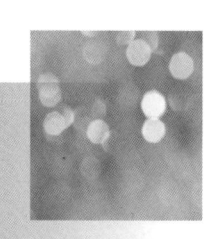

3부 _ 삼남매

철새

전깃줄은 제비들의 놀이터
물 찬 제비라 하더니 제트기처럼 날아든다

폭염이라고 난리인데 철새는 제철을
잘 아는가 보다
벌써 강남 갈 준비를 하고 떠났는가
제비가 보이질 않네

아직 매미소리 요란한데
귀뚜라미 찾아와 인사한다

여름 철새는 날아가고
겨울 철새는 찾아오고

당신이 아름답게 보일 때

굳이 잘못했다고 말을 안 해도
말없이 다가오는 당신의 모습이 아름답습니다

미안해하는 눈빛을 보일 때
똑바로 쳐다보지 못하고 내 눈을 피할 때
당신의 모습은 정말 아름답습니다

말없이 냉장고 문을 열고
변변치 않은 반찬을 꺼내 밥 한술 먹을 때
미안하고 외로워 보이지만
내 눈엔 진실한 당신의 모습이
정말 아름답게 보입니다

상대의 마음까지 잠재우고
깨달음의 기회를 만들어주는
당신의 모습이
참 아름답습니다

황혼의 연못

너와 나는 암놈과 수놈의 황금잉어
초록 연못은 너와나의 놀이터

연못 속에서 아기자기 헤엄치며 놀다가
아주작고 예쁜 물고기를 발견했지

한 가족이 된 어린 물고기는 무럭무럭
탐스럽게 빛이 났지

비단 같은 황금 잉어들은
민들레 홀씨 되어 날아가듯
그들만의 보금자리를 만들었지

그리움이 밀려오는 초록연못은 텅 비었지만
황혼의 연못은
크고 작은 물고기로
북적북적 웃음꽃이 피어나네

흩어진 노을

반짝이는 별보다
외로워 보이는 달님을 좋아했다

붉은 노을의 만남은 어둠을 헤치고
어둠을 삼키며 찬란한 빛을 찾았다

다정한 그 말은
바람에 구름 가듯 흘러가고

흩어진 노을처럼 빛바랜 마음
기쁨보다 슬픔이었다

날개

푸르고 푸른 하늘은 하나인데
땅은 두 갈래길

철조망이 있어도 자유롭게
오고가는 날개가 부럽다

누구에게도 구애받지 않고
마음 편히 드나드는 푸른 날개

푸른 시절이 다시 올 수 없는
석양빛 모습들은 세월을 한탄하며
가슴에 한을 품고 살아가는데

  그 한 서린 아픔을 어루만져 주렴 백두에서 전하는 마음 한라까지
  영산강에서 기다리는 그리운 마음 두만강까지 날개 끝에 싣고서 전해주렴

날개만 있다면 어디든지 날아가고 싶다

푸르고 푸른 하늘은 하나인데
두 갈래 길은 아득하구나

종소리

그대 목소리가 환하게 밝을 땐
내 목소리도 덩달아 밝아진다

그대 목소리가 울먹이고 떨릴 땐
내 목소리도 떨리고 슬퍼진다

그대 기쁨이 내 기쁨이고
그대 슬픔이 내 슬픔이다

울고 웃는 인생사
마음이 소통될 때
가슴속 응어리가 풀린다

종소리 울리며
메아리로 날려 보낸다

나 이전엔

어두운 삶이라도
나 이전엔 누군가는
나보다 더 어두운 삶을 살았을 것이다

아무리 찌든 삶이라도
나 이전엔 누군가도
나보다 더 찌든 삶을 살았을 것이다

지금의 행복한 사람도
이전엔 시련의 삶이 있었을 것이고
지금의 불행한 사람도
이전엔 행복한 삶을 살았을 것입니다

아무리 힘든 삶이라도
포기하지 않으면 길이 보입니다

단짝

모래알처럼 수많은 사람 중에 단한사람
가슴이 콩닥콩닥 뛰었지
가슴앓이 하며 몸살을 앓았었지

마주치는 눈빛으로
동고동락하면 행복할 줄 알았지

황홀하지 않아도 먹구름이 몰려와
매끄럽지 않아도
그물 속에
울고 웃는 단짝이지

옹고집

우리 삶은 흘러가는 구름 같아
잡을 수가 없어요

우리 삶은 흐르는 물과 같아
담을 수가 없어요

우리 삶은 잡을 수도
담을 수도 없어 가슴한견에
묻어두고 살아요

그리울 때 마다
보고 싶을 때마다
추억을 먹고 살아가고 있어요

우리 삶은 도리깨처럼
한군데만 옹고집으로
이 갈레 저 갈레 다독이며
살아가고 있어요

아담한 정원

뿌리 깊은 나무는 무뚝뚝하지만
정이 많고 웃음이 많아요
소리 없이 입만 벌려도
아주 멋있어요

야생화 들꽃 같지만 부드럽고
웃음소리가 천진난만하며 순수하고 밝아요
하마처럼 입을 크게 벌리고
웃어도 예뻐요

지난 세월
가파르게 살아 왔어도
사랑이 꽃피는 아담한 정원이예요

세상에서 가장 아름다운 꽃

아기의 울음소리 인꽃이 피어난다

하늘을 나는 황금용이 최고라지만
뿌리 깊은 나무가 더 소중하고
장미꽃이 아름답다고 하지만
복숭아처럼 물오른 처녀의 꽃이 꽃 중의 꽃

한량으로 살았지만 아버지는 뿌리 깊은 나무
근심 걱정 많은 주름진 엄마의 얼굴도 꽃은 꽃이야

수염 쓰다듬으며 '에헴'하시는 할아버지도
뿌리 깊은 나무
꼬부라지고 이가 빠진 할머니도 꽃은 꽃이야
아기의 울음소리가

세상에서 가장 아름다운 꽃인데 피어나질 않네
연년이 여기저기서
인꽃이 팡팡 터지길

밥이 보약

무슨 헛소리야 밥이 보약이라니

해가 짧을 때나
입맛이 없을 땐
한 끼 건너뛰기를 밥 먹듯 했다

밥을 대수롭지 않게 여겨
어지럼증으로 뇌진탕이 될 뻔했다

그 후론 밥이 보약이라며 소중하게
챙겨 먹고 있다

아무리 하찮은 기리도 소중하다는 걸

오누이

그분은 함께 배우는 아코디언 회장님
연세가 지긋하신 분이시다

긴 세월 아내의 병간호를 하셨는데
보람도 없이 하늘나라로 가셨다고 합니다
슬퍼하시고 외로워하셨다

친한 언니와 연결고리를 만들었지만
인연이 닿지를 않았다
잘되었으면 좋았을 텐데 아쉬웠다

사람의 인연이란 혈을 나누지 않았어도
양부모님이 될 수 있고
서로 간에 의형제도 맺을 수 있고
의남매로 맺을 수 있다

오누이라는 관계를 인연으로 맺어
조금이라도 도움이 되었으면 하는 마음입니다

그리운 저 별

서산에 지는 해 붉은 노을 물들이고
차가운 밤하늘에 피어나는 별빛은
가버린 젊음의 그리운 얼굴인가

수많은 별 중에 그리운 별빛은 어디에
제일먼저 반짝이는 저 별은
내 맘속에 그리운 큰 별인가

피붙이 곁에 살고 싶어 하던 큰 별
이렇게 가슴에 사무칠 줄이야

차가운 달빛 속에 반짝이는 그 이름
피붙이 지켜주는 그리운 저 별

무게

사랑의 무게 저울 속에 달아 본다

무관심의 무게는 얼마나 되고
관심의 무게는 얼마나 될까

미움을 사랑으로 탈바꿈하는 마음의 무게는
욕심을 부려도 좋다

사랑을 미움으로 돌아서는 마음의 무게는
내려놓아도 괜찮다

소외된 사람에게 관심을 갖고 살아가면
마음도 뿌듯하다
욕심을 부려도 좋다
사랑의 무게는 무거울수록 좋다

열쇠와 자물쇠

열쇠와 자물쇠가 잘 열리고 닫히더니
어느 순간에 열쇠가 고장이 났는지
자물쇠가 고장이 났는지 도무지 알 수가 없다

훨훨 날아가고 싶어도 꽁꽁 잠겨 있는 자물쇠
열쇠로 아무리 열려고 해도 움직일 수가 없다

하늘은 하나인데 별빛이 너무 많다
한번 맺은 부부의 인연
자물쇠는 하나인데 열쇠가 너무 많다

한세상 맞춰 나가는 가시밭길
맞지 않은 열쇠로 자물쇠를 열려고 하니
언제나 티격태격

작은 관심

요즘 치매를 앓고 있는 사람이 많다
노인 일자리 청소년 선도 도우미를 하면서
알게 된 그녀는 우울증이 오면서
치매로 이어 졌다고 한다

얼굴도 예쁘고 착하다
그녀의 남편역시 성실하고 착하다

나이가 많으면 그러려니 하는데
오십대 후반 너무 젊은 나이라
보는 사람도 마음이 아프다

일 년 전부터 가끔 우리 집으로 데리고 와서
밥도 같이 먹고 놀다가 데려다 주곤 한다
작은 관심이라도 도움이 되었으면 한다.

폐교

새들이 떠난 둥지처럼
쓸쓸한 교정
운동장에는 잡초만 무성하고

교실마다 주인 잃은
책상들만 말없이 자리를 지키고

쉬는 시간이면 재잘대던
학동들은 언제 다시 오려나

모래성

오해 앞에선 진실한 사랑도 우정도
속절없이 무너지는 모래성

오해로 매듭이 지어지면
도토리 앙금 살살 풀어서 묵을 쑤듯 풀어
그냥 존재만으로도
양념 없이도 맛은 꿀맛

위선은 진실을 이길 수 없다
진실 앞에 무릎 꿇고
다시 한 번 두드려 본다

모래성처럼 흩이졌던
사랑도 우정도 찰흙처럼 다져진다
진실은 모래성이 될 수 없다

소득 증대

잘살아 보세 소득증대 캠페인
퇴비 증산왕을 뽑는다고 마을 방송 나온다

서울에서 과천이 가까운 지역
서울의 인분 처리를 농사 짓는 시골에 갖다 부었다
인분차가 들어갈 수 있는 밭 가장자리
커다란 구덩이를 만들어 인분을 받았다

거름 퇴비가 부족했던 시절
집집마다 퇴비장을 만들어 풀을 깎아
인분과 섞어 발효를 해서 다음해에 농사를 지었다
새마을 사업과 함께 잘살아 보자는 소득증대의
붐을 일으켜 농촌의 혁명을 일으켰다

이른 아침마다 마을 회관에서 울려 퍼지는 구호
잘살아 보세
잘살아 보세

우리도 한번 잘살아보세

지금 들어도 가슴 찡한 노래

퇴비 증산왕을 차지하려고 모두가 열심히

시니어 모델

모델이 되고 싶어서가 아니고 경험을 쌓고 싶어서
길이 아닌 길 시니어 모델에 응모를 했다

예심 때 과천에 사는 셋째 언니가 참석을 했다
예심 합격 소식에 언니와 함께 기뻐했다

결승하는 날 셋째 언니가 또 왔다
머리 손질, 화려한 드레스, 굽이 높은 구두. 모두들
눈이 부신 모습에 나보다도 언니가 더 초조했다

평소에 차림으로 굽이 낮은 구두
손수 뜬 모자를 꾹 눌러쓰고
손수 만든 검은 드레스를 입고 출전한 내 모습은
눈에 확 트이게 돋보이지는 않았지만
당당하게 소임을 해냈다

나를 위해 찾아왔던 오라버님은

아코디언 연주까지 해주시고
바쁜데도 꽃다발을 선물해준 친구 같은 아우와
친구 모두들 고마웠다

수상은 못하고 아쉬운 입상에 그쳤지만
좋은 추억이라며 소소한 행복을

고추 따는 날

안개가 잔뜩 낀 날씨
마을언니와 빨간 고추 따는 날

아침부터 푹푹 찐다
점심을 먹고 난후 밭에 가려고 하니
엄두가 나질 않았다

수도꼭지를 틀어 머리위에서 발끝까지
물세례를 하였다

지하수 물은 손이 시릴 정도로 차가웠다
고추 한 포대 딸 때마다 온몸이 얼얼하도록
물을 뿌렸다

물장난 아닌 물장난을 하면서
무더위가 기승을 부려도
한바탕 웃으면서 고추를 땄다

인생의 미로

인생은 흘러가는 것이 아니고
채우려고 몸부림친다

가슴속에 동그라미만 있는 사람이 많을까
가시가 있는 사람이 더 많을까
아마도 가시가 없는 사람은 없을 것 같다

박힌 가시를 들어 내지 못하니까
동그랗게 보일 뿐이겠지

갓난아이도 가슴속에 가시가 있겠지
무엇이든 채워지질 않을 때
기시기 남이 있으니까

사랑에 울고 돈에 울고
돌 뿌리 가시 밭길 채워지지 않는 삶
끝없이 아득한 인생의 미로

삼남매

아이를 셋이나 낳았어도 엄마젖, 우유 젖도
마음대로 먹이질 못했다
아무리 음식을 많이 잘 먹어도
작은 아가의 배를 채워 주질 못했다

큰딸은 우유를 잘 먹지를 않아서 암죽으로 키웠고
아들과 막내딸은 연년생이지만
우유를 배불리 먹일 수 있는 여건은 돼 있었지만
젖 먹이지 못한 죄로 눈치를 봐야했다

아들딸이 양이 안차서 울어 댈 때
엄마 가슴은 찢어지게 아팠다
나의 존재는 무엇인가 내 자신이 초라했다
지금도 그때를 생각하면 어떻게 살았는지 눈물이 난다

엄마 젖을 못 먹었어도 우유를 배불리 먹이지 못했어도
아름답고 건강하게 잘 자라준

큰딸, 아들, 막내딸에게 미안하고 고맙다

각자 가정도 잘 꾸려나가고 큰사위, 며느리 막내사위
모두 착실하고 몸도 마음도 예쁘고 아름답다
친손자 손녀딸 외손자 손녀딸들 모두들 예쁘고 아름답다

할머니는 너희들이 오면 밥을 안 먹어도 배가 부르단다
모두모두 건강하게 잘 자라다오
사~랑~해~요~
할머니가

아버지의 손

기억 속에 남아 있지 않아 마음이 아픕니다

아버지를 좋아했지만
정답게 손을 잡아 본적이 없습니다
반가움에 부둥켜안았던 기억도 없습니다.

아부지하고 베시시 웃고 말았던 기억 밖에 나질 않습니다
따뜻하게 손 한번 어루만져 보질 못했었다
가슴이 아픕니다

마음은 통해도 손을 잡기란 쉬운 게 아닌가 보다
손을 잡는다는 것이
얼마나 소중한 사랑이라는 걸 왜 몰랐을까

단 한 번도 어루만져 보지 못한 아부지 손이 그립습니다
당신이 떠나셨기에 더욱더 마음이 아픕니다

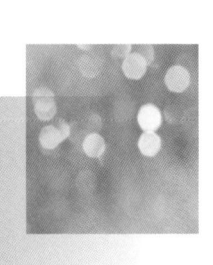

4부 _ 우리엄마

내 인생의 품격

누구든지 폼 내고 싶은
명품 브랜드를 입고 싶은 욕망이 생긴다
때론 설렘에 속아 명품에 목숨 걸 듯
어리석은 행동도 했었다

몸에 맞지 않은 것이 되었다

눈높이에서 창의력을 발산하여
취미로 시작한 뜨개질은 모자와 가방을 만들고
바느질은 옷을 만들다 보니
나만의 명품 브랜드가 되었다

허술하고 부족하지만 자신의 삶을
명품으로 만드는
내 인생의 품격이 되었다

스포츠처럼

세계 올림픽 모두가 승리를 염원하며
텔레비죤 앞에서 졸면서도 응원한다
온 국민이 한마음 한뜻 나라를 사랑하는 마음이다

나라 살림도 그렇게 했으면 좋겠다
내편 네편 따지지 말고 가는 길이 옳다면
대립하지 말고 함께 하면

좋은 결과가 오지 않을까
따지는 것은 서로의 욕심이다
내가 하는 일이 옳다고 언성을 높이고
옳은 생각을 해도 사람이기에 실수를 한다

작은 실개천이 모여 긴 강물을 이루고
강물이 한곳으로 모이면
거대한 바다를 이루듯이

빛나는 순금

장롱속에 묻어둔 결혼예물
금리가 높았던 시절 모두 바꾸었다.

늘어나는 금액 부지런히 농사 가꾸며
전옥답 늘어나는 게 꿈

평생 소중하고
아이들 키울땐
천금 같았던 전옥답

이한몸 곯아터지니
애물단지가 된 땅이지만

변하지 않고
빛나는 순금같은 부부
결혼 50주년이 눈코 앞에

아래층에 사는 남자

윗층에 사는 여자가 힘겨워
아랫층을 고집하는 남자가 있다

흥정을 하다보면 계산이 안 맞는다고
실랑이를 한다

서로 윗층을 고집하다 보면
불쾌지수가 높아진다고
남자는 아래층 지하실을 택한다

때론 먹구름 몰고 와
번갯불도 번쩍 번쩍
요란한 천둥소리로 뒤흔들 기도 한다

그 남자는 그 여자를 사랑하는가봐
위층 보다 아래층 지하실을 좋아한다

우리 엄마

외할머니가 12남매를 낳으셨는데 모두 잃고 엄마 혼자 키우셨다고 하셨다

사대 독자와 무남독녀가 만난 우리 부모님 부잣집 4대 독자이신 아버지는 살림을 모르고 한량으로 사셨다

외할머니가 키우지 못한 자식이 엄마한테 태였는가 엄마도 십남매를 낳아서 키우셨다

잃어버린 11남매의 좋은 운을 받았어야 하는데 안 좋은 운만 엄마에게 찾아온 것 같다 엄마의 삶이 너무 안타까웠다

재산이 많아도 털어 먹는 건 한순간 6.25동란 때 집안이 뒤집혔다 한다

십남매를 키우시느라 허리띠를 졸라매며 사시느라 즐거운 시간이 없었다

동네분들과 즐거운 여행 날에도 교통사고로 다치셨다

웃는 얼굴보다 슬픈 얼굴이 더 많았던 울엄마 자식들이 성장하면서 생활은 나아졌지만 힘들게 사시다 떠나신 우리엄마

다음 생이 있다면 행복하게 사셨으면 좋겠다

빨간 연필

연필 한 다스
열한 자루 모두 잃어버리고
홀로 남은 빨간 연필 한 자루

부잣집 청색 연필만나
공책 열권을 만들었다

사대독자 귀둥이로 자란 청색연필
한 평생 한량으로 사셨고

그바람에 가장이 되어버린 빨간연필

열권의 공책 고루고루 채워주느라
몽당 연필 되었다

다시 뜨는 태양

세상 밖에 나오면 태양은 뜬다
안개 속에서도 먹구름 속에서도 태양은 뜬다

노년의 길목에서 삶이 먹먹하고 어둠이 보일 때면
붉은 태양이 간절했다

높은 하늘의 태양은 빛나고 있지만
마음속에 흑점이 보일 때면
눈물로 얼룩진 삶

인생은 칠십부터라 하지 않다던가
어둠은 버리고 희망을 갖고
다시 뜨는 태양을 향해 달려본다

문이 열렸어요

푸른 하늘은 날을 수 있는 새가 되었어요
희망을 갖고 꿈을 이룰 수 있을 것 같아
마음이 부풀었어요

즐거움도 사랑도 시기하지 아니하고
안아줘서 고마워요
미움도 슬픔도 다독여주고
인간미가 넘치는 분들을 만나 행복해요

사람의 향기를 느낄 때 마음속 뿌리 깊은
잡초도 뽑아내고
흙탕물도 정화하여 깊은 사랑의 물맛을 알게 해주신 당신

외로운 새 한 마리 타오르는 불꽃처럼
훨훨 날수 있는
문학의 문이 열렸어요

야속한 세월

서서히 모든 것을 빼앗기고 살아가는 그녀 휑했던 머리는 숯검정이 되어 잃어버린 기억과 술래잡기하고 아지랑이처럼 가물가물 맴돈다

누구에게라도 찾아올 수 있는 치매 아들의 죽음조차도 기억을 못한다
한치 앞도 모르는 게 인생이라지만 안타까운 현실 앞에 아무것도 해줄 수 없어 가슴이 먹먹하다

그녀에게도 총명했던 젊은 시절이 있었고 뜨거운 사랑 앞에 예쁘게 멋도 부릴 줄 알았던 청춘의 시절도 있었다

모든 인생은 똑같다 젊음은 사라진다
실낱같은 그녀 앞에 흘러가는 세월이 야속하다

진실

아직도 어둡다
무엇을 감추려고 안개 속에 숨어있나요
이제 꺼내도 괜찮아요

무엇이 두려운 가요
세상 빛을 내다봐요
그대를 기다리고 있어요

마음 한켠에 묻어 두지 말고
툭툭 털어버리고 웃어봐요
회오리바람 속에
달콤한 그 말은 꽃길이었지만
달콤힌 그 밀은 가시밭길 이었지요

진실만 있다면 장애물도 두렵지 않아요
오로지 진실만이 꽃길이지요

삶이란

생각은 같으면서도
머물러 있는 것은 제각기 다르다

진흙 속에서 살아가는 사람이 있는가 하면
마른 흙 속에서 살아가는 사람이 있다

비가와 야만 살 수 있는 사람이 있는가 하면
햇빛이 있어야만 살 수 있는 사람 이 있다

울고 웃는 세상사
어디서 어디까지가 성공이라고 말할 수 있을까
어디서 어디 까지가 효라고 말할 수 있을까
몸이 아파야 잘 살 수 있는 사람들이 늘어나고 있디

떨어진 단추

첫 단추를 잘 맞게 꼬였던 잉꼬부부
두 번째 단추를 허술하게 달아서
단추가 떨어지고 말았다

달콤한 말을 가장 많이 하는 관계는 연인사이이고
가장 아픈 말을 하는 사이는 부부사이다
"서로의 운명이 달라 속세를 떠났던 그녀"

떨어진 단추사이로 횡하니 스산한 바람이 들어온다
다른 단추를 달아보지만 여전히 찬바람은
가슴을 파고든다

떨어진 단추가 속세로 찾아왔지만
이미 옷은 낡아 갈기갈기 찢어진 후
단추를 찾은들 무슨 소용 있겠는가

서로의 운명이 달라 잊고 살다가

속세에 찾아온 단추도 낡았다

죄는 미워도 흐느껴 우는

그녀를 미워할 수가 없었다

고독한 길고양이

만삭이 되어 다니는 길 고양이도 많고
새끼를 줄줄이 달고 다니는 길고양이도 많다

허기져서 돌아다니는 모습을 보면 애잔하다
모른 척 하고 그냥 지나칠 때
미안할 때가 많다

바둑 길고양이가 한쪽다리를 절름거리며
집주변에서 뱀을 돈다

애처로워 먹이를 주면
냄새를 맡고 재빠른 녀석들이
떼로 몰려와 믹이를 빼앗긴다

제대로 양을 채우지 못하고
돌아서는 바둑길고양이

동행도 없이 혼자 다니는

고독한 길고양이는

오늘도 외롭고 서럽다

한치 앞도 모르는 인생

바람 속에 정처 없이 구름 떠돌고
고요 속에 구름 머문다

어느 구름 속에 눈비 들어있는지 모르듯
어느 그늘 속에 밝은 빛 비출지 모른다

어느 웃음 속에 눈물 들어 있는지 모르고
어느 눈물 속에 웃음 들어 있는지 모른다

꽃길 속에 가시 밭길 있어 돌부리 칠 수 있고
가시 밭길 속에 탄탄대로 꽃길도 있다

달콤한 맛에 씁쓸한 맛 숨어있고
씁쓸한 맛에 달콤한 맛 숨어있다

한치 앞도 모르는 게 인생이려니~

소중한 친구

외롭고 슬플 때 언제라도 달려가는
네가 있어 너무 행복하다

시도 때도 가리지 않고 달려가도
웃음으로 안아주는 네가 있어 눈물이 난다

우리의 인연이 이렇게 아름다울까
다시 태어나도 너는 내 안의 보배로운 친구
한순간도 놓칠 수 없는 너의 마음 잊을 수가 없다

보고 또 봐도 보고 싶고
하루라도 못 들으면 귀가 멍해지는
다정한 너의 목소리다

시간

흐트러짐 없고 평생을 살아도 변하지 않는 당신을 닮고 싶지만 녹록지가 않습니다

무너짐 없는 당신을 쫓아가느라 허리가 휘고 다리가 아파 지쳐도 따라 갈수밖에 없는 실낱같은 모습이 너무 고달프고 힘이 듭니다

내손에 없는 내 것을 찾으러 안개 속을 헤매지만 그래도 찾아야합니다 진실만 보여주는 당신의 성원에 보답하겠습니다

마음이 소통될 때

그 사람의 깊은 곳을 알려면
숨을 깊이 몰아쉬어야해
탓하게 되면 서로 상처가 된다

힘들 땐 물마중이 필요해
사랑하는 마음은 누가 그냥 주는 것이 아니야
노력해서 얻는 것이야

사람은 목에 힘주는 사람보다
무엇인가가 허술한 것 같아도
마음이 소통될 때가 더 행복해

빛과 그림자

당신이 빛이면
나는 그림자
내가 빛이면
당신은 그림자

당신 그림자 밟힐까봐
나란히 손잡고 걷고 싶었지만
무엇이 부끄러워 손 한번 잡아주지 않는
야속한 님아

이제나 저제나 기다려도
모른 척 하는 당신

당신이 웃으면 내가 울고
내가 웃으면 당신이 울고
당신과 나는
가는 날까지 빛과 그림자

합죽이

젊음이 좋다는 것을 새삼 느낀다
몇 십 년을 걱정 없이 마구 씹어 먹을 땐 소중함을 몰랐다
입안은 비상이 걸려 상한 이를 빼다보니
합죽이가 되었다

어금니 송곳이 앞니 모두 수리중이다
잠시라도 쉴 시간이 없는 입
이가 없으니 말도 새어 나가고 어음이 잘 안 된다
음식도 씹어야 하고 입을 크게 벌리고
함박웃음을 웃어야하는데 꼴볼견이다

이가 없으면 잇몸으로 산다는 이야기는 나이전
이전에 할아버지 할머니들의 서글픈 이야기다
이가 없어 합죽이가 많았던 시절

잇몸으로 고기를 씹어 먹어도 맛있게 잘 먹었다는
할아버지 할머니의 말씀은 그냥하신 말씀이다

가난했던 시절

여건이 허락 치 못해서

아니면 의학이 발달하지 못해서 인지

합죽이로 사셨던 할아버지 할머니

내입도 수리중이라 합죽이다

옹달샘은 바다로

그녀는 예쁘고 아름답다
알수없는 흐름에서 갈등으로
앙금이 굳게 가라앉았다

서로의 알수없는
오해에서 시작되었다
진실은 오해를 밀어 낸다

그녀는 나에게
지금껏 먹어 보지 못한
비타민을 사주었다
너무 감동이었다
앙금을 풀어 묵을 쑤니
부드럽고 쫀득하다

미움을 버리고
사랑을 채우니
서로의 온기가 흐른다

뒷모습이 아름다운 사람

겉으론 진실한척 웃는 얼굴이지만
그 웃음 속엔 흑심이 가득찬 이기적인 모습
착한 사람을 표적으로 삼고 웃는다

누구에게나 뒷모습이 아름다워야
진정한 인간미가 흐른다

진실한 것은 쉬운 것이다

거짓말은 또 다른 거짓말을 낳고
문제를 해결할 수 없게 되어 혼란스럽다

어떤 것으로도 감출 수 없는 뒷모습
넉넉한 여유를 간직하고
진실한 삶이 묻어나는 사람은
뒷모습도 아름다워

명품브랜드

마음이 풍요로울 땐 하나 같이 즐거웠지만
토라져 가버릴 땐 너무 서러웠다

지나간 추억 바람결에 흐르는 눈물
내 어이 감내하라고

모습은 보이는데 진실은 위선이고
명품은 값비싼 브랜드가 아니고

속이고 속이는 거짓보다
남이 알아주는 자신의 진실을
명품 브랜드로

십남매

어릴 땐 서로 다투기도 했었다
지금은 든든하고 우애 좋기로 소문난
그릇들이 커다란 십남매

큰 오라버님과 큰언니는 생전에 안계시다
떠날 때마다 오열하는 모습에서 마음들은 하나같이
안타깝고 아쉬운 마음이다

언제 또 홍시가 떨어질지 모르니
바쁘더라도 자주 만났으면 좋겠다

큰 오라버님이 일찍 가시면서 큰 남동생 내외가
조카 형제를 거두었다
올해 남동생이 칠순인데
조카가 칠순잔치를 해드린다고 한다

하나를 보면 열을 본다고 가슴이 찡하고 뭉클합니다

잘살아준 조카들 고맙고 항상 응원합니다
든든하고 우에 좋은 그릇들이 큰 매력적인 남매들
건강하세요
사랑합니다

꽃과 나비

폭풍우가 몰아치고
거센 눈보라가 휘몰아쳐도
당신은 나를 지켜주는
침묵의 빛이 었지

세월은 말없이 흘러
어느듯 팔십까지 왔네

인생의 연장전이 필요한나이
건강하면 십년 연장
비실비실하면 빠를수록 좋다

푸른 날개 일때
꽃과 나비는 환상의 꿈이었지

이젠 꽃잎 떨어질때
나비도 거미줄에 걸리면
꽃과 나비는 천생연분이지